LE MONSIEUR

DE LA

RUE DE VENDOME

VAUDEVILLE EN UN ACTE PRÉCÉDÉ D'UN PROLOGUE

PAR

MM. SIRAUDIN ET JULES MOINAUX

Représenté pour la première fois, à Paris, sur le théâtre du VAUDEVILLE, le 15 décembre 1861

PARIS

MICHEL LÉVY FRÈRES, LIBRAIRES ÉDITEURS

RUE VIVIENNE, 2 BIS, ET BOULEVARD DES ITALIENS, 15

A LA LIBRAIRIE NOUVELLE

1862

Distribution de la pièce

CARAMEL........................	MM. SAINT-GERMAIN.
FONTBOURGADE	P. BOISSELOT.
MISAUVERT.......................	PASCAL.
MADAME BEAUJOLAIS, jeune veuve.	Mmes FRANCINE CELLIER.
ANGÉLIQUE, femme de chambre.....	E. PAURELLE.

La scène se passe à Paris : prologue, rue de Vendôme; l'action, à Saint-Mandé, chez madame Beaujolais.

Toutes les indications sont prises de la gauche du spectateur. — Les changements de position sont indiqués par des renvois. — Pour la mise en scène, s'adresser à M. BRIERRE, souffleur-copiste, au théâtre.

LE MONSIEUR

DE LA RUE DE VENDOME

PROLOGUE.

Le théâtre représente une rue : à droite, une maison portant le n° 8. — Il fait nuit.

—

SCÈNE PREMIÈRE.

MADAME BEAUJOLAIS, seule ; elle arrive vivement.

C'est singulier !... il me semble qu'on me suivait... Non ; depuis tantôt, que je cours dans tous les quartiers de Paris... j'avais cru remarquer qu'un homme s'acharnait... à mes pas... Mon Dieu que cette nuit est sombre !... J'ai presque peur d'être ainsi seule... Voyons... madame Chaumissais, rue Vendôme, 8... (Regardant à droite.) C'est là !... Ne perdons pas de temps... Il est neuf heures... et j'ai à retourner à Saint-Mandé... (Elle frappe.) Comme ces concierges sont longtemps avant d'ouvrir ! (Elle frappe de nouveau.) Ah ! enfin ! (La porte s'ouvre, elle entre.)

SCÈNE II.

CARAMEL, entrant vivement du troisième plan à gauche.

Elle est là !... dans cette maison... Et elle n'y demeure pas !... sans cela, elle n'aurait pas demandé tout à l'heure à un commissionnaire où était située la rue de Vendôme. Donc, elle doit sortir ; donc, attendons-la... Rallumons mon cigare. (Il cherche à raviver son cigare qui s'éteignait.) Aïe ! il y a encore du feu... (Il fume.) Il était deux heures... deux heures et un quart, je sortais de chez mon notaire... rue du faubourg Saint-Antoine, quand je vois trotter menu, devant moi, une jambe...

que dis-je?... deux jambes, bien chaussées, avec des bas blancs bien tirés... le cou-de-pied cambré, les attaches fines!... C'est singulier!... Rien ne me porte à la rêverie comme un cou-de-pied cambré et des attaches fines... Alors, je me dis : « Acte Ier, scène II, du *Monsieur qui suit les femmes.* » (S'arrêtant.) Car il faut qu'on sache que je suis un collectionneur acharné de pièces de théâtre, et que j'ai la manie d'appliquer aux phases variées de mon existence les incidents monotones que je trouve dans les compositions dramatiques. Je suis donc ma sylphide!... On ne saurait croire ce que fait une femme, dans les rues de Paris, toute la journée! D'abord, elle s'arrête devant les magasins de nouveautés. Je m'applique à voir sa figure, impossible! Arrivée sur le boulevard, elle entre chez une marchande de modes. Elle y essaye un chapeau. C'est alors que je la vis!... Quelle figure!... mon idéal! la femme que je rêve depuis dix ans. Quand elle sortit... je la suivis encore... Elle entre chez un pâtissier!... quel appétit, et quelles dents blanches!... Comme elle mordait dans les babas!... La pâtisserie m'en venait à la bouche. De là, je la vis s'acheminer vers la rue Saint-Louis-au-Marais, n° 14. La faim me prend, j'achète une flûte, puis je fume un cigare. La faim me reprend et la soif avec... je fume deux cigares... pour me rafraîchir; total : trois cigares. Enfin, sur les huit heures et demie, elle sort de nouveau, s'oriente, demande son chemin, entre dans cette maison et je l'attends encore... espérant que, si elle ne loge pas ici, elle aura la délicatesse de n'y passer que la nuit, par égard pour moi et pour sa réputation d'honnête femme. Car elle est honnête, il le faut... je le veux! Après cela, si elle est honnête... que puis-je espérer?... Allons, bon!... mon troisième cigare est éteint... sapristi! et je n'en ai plus d'autres! Aller en acheter? Non, elle pourrait profiter de l'intervalle d'un marchand de tabac pour sortir!... Les femmes sont si capricieuses! Comment faire? (Regardant au fond, à droite.) Ah! je vois poindre une lumière... c'est un fumeur! O chance!

SCÈNE III.

FONTBOURGADE, CARAMEL*.

(Fontbourgade passe au fond, les mains dans ses poches, le cigare à la bouche.)

CARAMEL, allant à lui.

Pardon, monsieur, un peu de feu, je vous prie? (Le fond du théâtre est moins éclairé que le premier plan; Fontbourgade donne son cigare à Caramel. — A part.) Mazette!... il est heureux! son cigare est entier. (Il allume.) Merci, monsieur. (Fontbourgade reprend son cigare

* Font. Caram.

sans mot dire et sort à gauche, sur le devant.) Ma foi, tant pis!... je lui ai donné mon bout de cigare... et j'ai pris le sien... (Remontant et appelant.) Monsieur!... (Redescendant en scène.) Ah bah! entre fumeurs!

FONTBOURGADE, rentrant.

Pardon, monsieur, vous vous êtes trompé!

CARAMEL, à part.

Bigre! pincé! (Haut.) Vous croyez?

FONTBOURGADE.

Sans doute... (S'arrêtant.) Eh! mais...

CARAMEL.

Je ne me trompe pas!

FONTBOURGADE.

Caramel!

CARAMEL.

Fontbourgade!..... tableau de reconnaissance : *Félix et Roger*. Acte II, scène VIII.

FONTBOURGADE.

Toujours collectionneur?... Que fais-tu ici?

CARAMEL.

Moi... je... (S'arrêtant.) Mais non, parle... j'ai du temps à perdre... Dis-moi ce que tu deviens, depuis trois mois que je ne t'ai vu.

FONTBOURGADE.

Eh bien, mon cher Caramel... je ne te le cèlerai pas plus longtemps... je vais me marier.

CARAMEL.

Avec ta couturière... ton Amélie?... Eh bien, là... parole d'honneur, tu fais bien... Ah! à propos... j'ai là pour toi... (Il se fouille.) depuis que tu as négligé de donner ta nouvelle adresse à ton Amélie... et que tu m'as chargé de recevoir ses lettres, elles se succèdent avec une vélocité effrayante... Tiens, trois, quatre, cinq, huit poulets. (Il lui donne les lettres.)

FONTBOURGADE, prend les lettres et les met dans sa poche.

Il s'agit bien de cela!... Il est bien question d'Amélie!... J'épouse une veuve, une jeune veuve... et voilà pourquoi, depuis que le mariage est entrain, j'ai déménagé en sourdine, sans dire à personne où j'allais, afin de n'être pas gêné dans mes projets.

CARAMEL.

Je conçois!... Mais, dis-moi... il m'avait semblé que la grisette... que tu abandonnes si gaillardement... avait un parent... qui n'entendait pas raison sur le chapitre des séductions?

FONTBOURGADE.

Précisément!... C'est aussi un peu pour l'oncle d'Amélie... que je me suis... totalement effacé... Et puis, une séduction...

quand on est couturière... et qu'on a trente-six ans?... Enfin, n'en parlons plus... Et toi, que fais-tu ici?

CARAMEL, après avoir jeté un regard sur la maison.

Un rendez-vous de noble compagnie... *Pré aux Clercs.* Acte Ier, scène III.

FONTBOURGADE.

Un rendez-vous?

CARAMEL.

Imagine-toi... un idéal... un rêve, un mythe... que je poursuis, depuis ce matin... et que je ne sais comment aborder... Depuis deux heures... deux heures et un quart je n'ose lui parler. (Criant.) Ah!

FONTBOURGADE, effrayé.

Quoi donc?

CARAMEL.

C'est le ciel qui t'envoie... mon bon Fontbourgade!...

FONTBOURGADE.

Moi?

CARAMEL.

Te souvient-il de nos équipées, de cette assistance mutuelle que nous nous sommes tant de fois prêtée?

FONTBOURGADE.

Oui. Eh bien?

CARAMEL.

Eh bien... il s'agit de recommencer les beaux jours... ou plutôt les belles soirées de notre blonde jeunesse...

FONTBOURGADE.

Je ne te comprends pas?...

CARAMEL.

Comment, tu ne te souviens pas?... Il y a six mois encore... ne t'ai-je pas rendu un service... rue du Helder?...

FONTBOURGADE, se souvenant.

Ah! (A part.) Ma veuve!

CARAMEL.

Il faisait nuit... une femme passait... cette femme te tenait au cœur... Tu m'engages à lier conversation avec elle... je refusai d'abord; tu insistas, je m'approchai d'elle, je lui adressai des galanteries. Toi, tu intervins, et, faisant semblant de ne pas me connaître... tu t'érigeas en défenseur de la belle opprimée... Je me rebiffai... tu me bousculas... échange de mauvais procédés... et de cartes. Moi... je rentrai chez moi... et toi, t'emparant du bras de la dame... tu la reconduisis chez elle... Hein! est-ce cela?

FONTBOURGADE.

Oui! oui!

CARAMEL.

Je ne te demande pas quel fut le résultat de cette aventure... tu fis le discret avec moi... ça te regarde, mais ce que je te demande maintenant, ce soir, à l'instant... c'est de me rendre la pareille...

FONTBOURGADE.

Y penses-tu? Moi qui serai bientôt marié!

CARAMEL.

Tu ne l'es pas encore! Je ne te lâche pas. (Il le prend au collet.)

FONTBOURGADE.

Caramel!

CARAMEL.

Je n'écoute rien! Hein?... On sort... c'est elle! Allons! en avant! (Il le pousse vers le fond à droite.)

SCÈNE IV.

LES MÊMES, MADAME BEAUJOLAIS *.

MADAME BEAUJOLAIS, sortant et se dirigeant à gauche.

Pourvu que je trouve une voiture... (Elle disparaît.)

CARAMEL, poussant Fontbourgade de ce côté.

Va donc! va donc!

FONTBOURGADE.

Je n'ose pas.

CARAMEL.

Dépêche-toi! (Voyant madame Beaujolais reparaître.) Oh! (Il se tient au fond.)

MADAME BEAUJOLAIS.

Pas de voiture! (Elle traverse le théâtre.)

FONTBOURGADE, s'approchant d'elle.

Si madame voulait... (Il offre son bras.)

MADAME BEAUJOLAIS, effrayée, rabattant son voile.

Ah! (Elle revient de l'autre côté.)

FONTBOURGADE, la suivant.

A cette heure... une femme seule...

MADAME BEAUJOLAIS.

Monsieur, laissez-moi...

FONTBOURGADE.

On pourrait vous insulter.

Air de l'*Ode au chameau*. (BELBOUL. — FOLIES-NOUVELLES.)

Je veux vous éviter, madame,
De fâcheux embarras,
Prenez mon bras.

* Caram. Fonth. mad. Beauj.

MADAME BEAUJOLAIS.

Monsieur, respectez une femme;
Veuillez passer soudain
Votre chemin,

FONTBOURGADE, pressant.

Moi, vous quitter ainsi?
N'espérez pas ceci.

MADAME BEAUJOLAIS, criant.

A moi! vite! au secours!

CARAMEL, arrivant vivement.

A vous, j'accours.
Gredin!
Faquin!
Malôtru! vil coquin!
Tiens, libertin!

(Il donne un soufflet à Fontbourgade, le chapeau de ce dernier tombe.)

MADAME BEAUJOLAIS, à part.

Ciel! M. Fontbourgade!

ENSEMBLE.

CARAMEL.

Pour moi, vraiment,
L'heureux événement!
Notre entente,
Est triomphante;
Plus d'embarras,
Allons, n'hésitons pas,
Offrons bien vite mon bras!

MADAME BEAUJOLAIS.

Pour moi, vraiment,
L'horrible événement!
D'épouvante,
Encor tremblante,
Je ne puis pas,
D'ici, m'enfuir, hélas!
La frayeur retient mes pas!

FONTBOURGADE.

Pour lui, vraiment,
L'heureux événement!
Notre entente,
Est triomphante:
Mais, en tel cas,
Il devrait bien, ne pas
Me giffler à tour de bras.

CARAMEL, à Fontbourgade.

Et si vous n'ètes pas content... voici ma carte! (Bas.) Je te remercie...

FONTBOURGADE, se tâtant la joue.

Et moi je ne te remercie pas.

CARAMEL.

Si vous voulez me permettre, madame, de vous offrir discrètement mon bras ? (Il lui offre le bras. Madame Beaujolais l'accepte.)

REPRISE DE L'ENSEMBLE.

(La toile tombe.)

(Un appartement coquet ; portes au fond et latérales.)

SCÈNE PREMIÈRE.

ANGÉLIQUE, entrant avec un bouquet.

Encore quinze bouquets comme celui-ci à recevoir, et madame est mariée !... (Elle met le bouquet dans un vase.) du moins, à ce qu'elle dit... Car enfin, moi aussi, j'ai reçu des bouquets... Il était une fois un pompier qui me faisait la cour pour le bon motif... Il m'a envoyé, tous les matins, pendant trois mois, un bouquet de violettes d'un sou... et puis, après ça... il m'a envoyé... Enfin, il ne m'a plus rien envoyé du tout ! (Regardant la pendule.) Onze heures, et madame n'a pas encore paru !... Elle songe, sans doute, à son prochain mariage avec M. Fontbourgade... Et quand on pense qu'elle l'avait promis, ce même mariage, au capitaine Misauvert, avant son départ pour les Antilles... Il est vrai que voilà six mois qu'il est parti... et qu'on n'a pas eu de ses nouvelles... Il est peut-être mort! Ce serait bien délicat de sa part. (On sonne.) On sonne ! (On sonne de nouveau.) Ah! mon Dieu! ce coup de sonnette !... vite ! (Elle va ouvrir.) C'est lui !

SCÈNE II.

ANGÉLIQUE, MISAUVERT.

MISAUVERT.

C'est moi !

ANGÉLIQUE.

Monsieur Misauvert !... Comment ! vous n'êtes pas mort !

MISAUVERT.

Si fait ! (Il l'embrasse.)

ANGÉLIQUE.

Décidément, vous êtes vivant ?...

MISAUVERT.

Ah çà ! voyons, causons de ta maîtresse... Cette chère Aglaé... j'espère que, depuis mon départ, elle aura compté les minutes...

ANGÉLIQUE.

Hi ! hi !...

MISAUVERT.

Hein ? qu'est-ce à dire ?

ANGÉLIQUE.

Rien !

MISAUVERT.

Se serait-elle mariée ?

ANGÉLIQUE.

Oh ! non !

MISAUVERT.

A la bonne heure ! Fidèle à sa parole... très-bien ! J'ai hâte de la voir, cette chère belle...

ANGÉLIQUE, vivement.

Oh ! pour le moment, ce n'est pas possible !...

MISAUVERT.

Oh ! je comprends... c'est trop matin... Tu as raison... D'ailleurs, ça m'arrange !... Je ne suis rentré ici que pour avoir de ses nouvelles et la faire prévenir que je viendrai tantôt... Et puis, j'avais à cœur de savoir si les choses étaient dans le même état ; car je t'avoue que si j'avais trouvé la place occupée par quelque godelureau !... Ah ! il n'aurait pas eu d'agrément.

ANGÉLIQUE, à part.

Bon !... S'il savait que l'autre épouse dans quinze jours !...

MISAUVERT.

Non pas que j'aie la prétention d'inspirer une passion à une jolie femme !...

ANGÉLIQUE, naïvement.

Certainement !...

MISAUVERT.

Comment, certainement ?... Mais c'est une malhonnêteté que tu me dis là ?...

ANGÉLIQUE.

Mais je ne fais qu'approuver ce que vous dites !

MISAUVERT.

Je dis de moi ce que je pense... Ce n'est pas une raison...

pour appuyer comme tu le fais!... Il semblerait, à entendre ton certainement, que je suis l'invalide à la tête de bois!...

ANGÉLIQUE.

Oh! non!...

MISAUVERT.

Je ne suis pas de la première jeunesse...

ANGÉLIQUE.

Monsieur est de la seconde, et c'est la meilleure!...

MISAUVERT, se mirant.

J'ai la peau bronzée... un peu rude...

ANGÉLIQUE.

Ça, c'est vrai!... (A part.) J'ai connu un étui à lunettes...

MISAUVERT.

Ah! mais... je veux bien me trouver mal... mais je trouve mal qu'on ne me trouve pas bien!...

ANGÉLIQUE.

Pardon... monsieur...

MISAUVERT.

Allons, voyons, ne t'effarouche pas... Je pars... et, comme je te l'ai dit... je ne reviendrai que tantôt... Car il y a loin d'ici, Saint-Mandé, au quartier du Temple... où j'ai affaire... une affaire d'honneur!...

ANGÉLIQUE.

Ah bah!

MISAUVERT.

Ah! oui!... Mon intention, en sortant d'ici, est d'aller dédier six pouces de fer aux côtes d'un monsieur!...

ANGÉLIQUE.

Grands dieux!

MISAUVERT.

Mais comme il se pourrait que cette dédicace eût lieu en ma faveur, si, ce soir, tu ne me voyais pas revenir...

ANGÉLIQUE.

Ah! monsieur!... y songez-vous? vous battre?

MISAUVERT.

Oui, me battre... contre un drôle... qui a profité de ce que j'étais en voyage, pour séduire une nièce à moi...

ANGÉLIQUE, s'apitoyant.

Ah!

MISAUVERT.

Une enfant de trente-six ans...

ANGÉLIQUE, à part.

Mazette!...

MISAUVERT, lui prenant le bras.

As-tu quelquefois été séduite... toi?

ANGÉLIQUE, naïvement.

Rarement !

MISAUVERT.

Eh bien, un homme s'est rencontré qui en a conté à ma nièce... une simple couturière... Elle m'a écrit la chose... en me donnant des détails... et en m'avouant que le susdit l'avait plantée là !... Mais je jure bien... qu'il recevra sa paye... celui-là !... Au revoir; dis à ta maîtresse que je serai ici dans l'après-midi !...

ANGÉLIQUE.

Oui, monsieur !...

MISAUVERT.

Tiens ! voilà un joli bouquet !...

ANGÉLIQUE, embarrassée.

Oui !... oui !

MISAUVERT.

Est-ce que ce serait la fête d'Aglaé ?

ANGÉLIQUE.

Dame !... oui... non... si !...

MISAUVERT.

Quoi... oui... non... si ?... Pourquoi cet air embarrassé ?...

ANGÉLIQUE.

Mais, pas du tout !

MISAUVERT, écrivant sur un carnet.

Bien ! Deux choses à faire en sortant d'ici : six pouces de fer au séducteur de ma nièce... et prendre des renseignements sur les allures de madame Beaujolais.

ANGÉLIQUE.

Vous écrivez ?

MISAUVERT.

Ça ne te regarde pas ! Adieu !

ENSEMBLE.

Air du quadrille des *Petits prodiges.*

MISAUVERT.

J'ai pris note, et de ce pas je vais
Terminer, et sans plus attendre,
Deux choses, qu'un cœur tendre
A demain ne remet jamais.

ANGÉLIQUE.

Au revoir, et de ce pas je vais
Dire à madame, et la surprendre,
Que, toujours, doux et tendre,
Vous lui revenez pour jamais.

(Misauvert sort.)

SCÈNE III.

ANGÉLIQUE, puis MADAME BEAUJOLAIS.

ANGÉLIQUE, seule.

Nous voilà bien!... Que va-t-il arriver?... Madame qui en épouse un autre... et celui-ci qui ne parle que de tuer ses rivaux!... Ah! madame!...

MADAME BEAUJOLAIS, entrant.

Qu'est-ce donc? il m'avait semblé entendre causer ici?

ANGÉLIQUE.

Hélas! madame ne s'est pas trompée!...

MADAME BEAUJOLAIS.

Pourquoi ces hélas!...

ANGÉLIQUE, embarrassée.

Parce que... je ne sais... comment annoncer cela... à madame...

MADAME BEAUJOLAIS.

Parlez! voyons!... (Elle passe à droite.)

ANGÉLIQUE.

Eh bien, madame, M. Misauvert est à Paris...

MADAME BEAUJOLAIS, froidement.

Ah! vraiment! (Elle s'assoit.)

ANGÉLIQUE.

Et c'est lui qui était ici, il n'y a qu'un instant!... (A part.) Tiens! ça n'a pas l'air de trop la contrarier!...

MADAME BEAUJOLAIS.

Et qu'a-t-il dit?

ANGÉLIQUE.

Il a dit qu'il était trop matin pour déranger madame... et qu'il reviendrait plus tard... d'autant que d'ici là, il a une affaire importante à régler!...

MADAME BEAUJOLAIS, rêveuse.

C'est bien!

ANGÉLIQUE.

Mais, madame, comment ça va-t-il s'arranger avec M. Fontbourgade... qui va venir... dont même voici le bouquet?...

MADAME BEAUJOLAIS.

Retirez ce bouquet et n'en recevez plus!...

ANGÉLIQUE, surprise.

Ah bah!...

MADAME BEAUJOLAIS.

Quant à M. Fontbourgade... s'il se présente... chez moi... vous direz que je n'y suis pas!...

ANGÉLIQUE.

Madame va sortir?...

MADAME BEAUJOLAIS.

Comprenez bien, Angélique : vous direz que je n'y suis pas... principalement quand j'y serai.

ANGÉLIQUE.

Madame veut donc que je fasse un mensonge?

MADAME BEAUJOLAIS.

Oui!...

ANGÉLIQUE.

Ah! je devine!...

MADAME BEAUJOLAIS, elle se lève.

Mademoiselle... je vous défends de faire aucune supposition... J'agis comme bon me semble, et vous n'avez rien à voir dans tout ceci... Qu'il vous suffise de savoir que je ne veux plus me rencontrer avec M. Fontbourgade!...

ANGÉLIQUE.

J'obéis! (On entend la sonnette.) Ça doit être lui!...

MADAME BEAUJOLAIS.

Ne le recevez pas!...

ANGÉLIQUE.

Oui, madame... Je vais mentir pour la première fois de ma vie...

MADAME BEAUJOLAIS.

Attendez... j'ai réfléchi... je le recevrai... Allez ouvrir!

ANGÉLIQUE.

Et je le ferai entrer près de madame?

MADAME BEAUJOLAIS.

Quand je vous sonnerai!... (Angélique sort.)

SCÈNE IV.

MADAME BEAUJOLAIS, seule.

J'aime mieux en finir moi-même, et tout de suite!... D'abord ce bouquet... (Elle prend le bouquet et le jette.) Maintenant, soyons calme!...

Air de *la Bavarde* (PAUL HENRION).

Évitons toute colère,
Qui pourrait troubler mes sens ;
L'explication, j'espère,
Ne durera pas longtemps.
Mais, quant à ses résultats,
Ceux-ci, je n'en doute pas,
Seront, comme je le veux,
Bien conformes à mes vœux!
(Cherchant à se contenir.)

Quand, en ce moment, je songe
Que, depuis plus de six mois,
Je suis dupe du mensonge
De ce séducteur sournois,
Je sens me monter au front
La rougeur d'un tel affront!
Et j'éprouve, au fond du cœur,
Un mouvement de fureur!

(Près d'éclater.)

Mais, heureusement,
Que je suis maîtresse
De ce mouvement,
Qui, pourtant, me presse.
Sans la volonté
De mon caractère,
Déjà, ma colère
Aurait éclaté;
Restons calme, ainsi,
Et quoi qu'il arrive;
Puis, sans prendre ici,
En rien l'offensive,
Sachons, tout à coup,
D'un mot trancher tout!
Qu'il entre, à présent,
Je suis calme et n'aurait, j'espère,
Pas d'emportement
Le moindre moment;
D'ailleurs, la colère,
Ah! Dieu! je la hais!
Et je ne m'y mets
Jamais!

SCÈNE V.

MADAME BEAUJOLAIS, FONTBOURGADE, puis ANGÉLIQUE.

FONTBOURGADE, entrant en riant.

Ah! ah! j'en ris encore!... Pardonnez-moi, chère Aglaé, si ma première pensée, en entrant ici, n'a pas été pour vous... Je racontais une histoire à Angélique! Imaginez-vous que, hier matin... il m'est tombé un provincial... Aurillac (Cantal)... Il m'a prié de le mener voir les curiosités de la capitale, notamment le castor du Jardin des plantes... Naturellement, j'ai obtenu avec assez de facilité une audience de cet animal, le prototype des architectes... Dès que mon homme s'est trouvé en face du castor... (Riant.) c'est assez Cantal... il a été très-vexé... Il s'était imaginé que le castor avait la forme d'un chapeau!... Est-ce assez Aurillac, hein?...

MADAME BEAUJOLAIS.

Cette scène, si plaisante, se passait... dans la matinée, n'est-ce pas?

FONTBOURGADE.

Oui... oui...

MADAME BEAUJOLAIS.

Et le soir?

FONTBOURGADE.

Le soir... (A part.) Est-elle jalouse!... (Haut.) Attendez donc! Ah! le soir... je suis allé avec un ami. (S'arrêtant, à part.) Bigre! ne lui disons pas!...

MADAME BEAUJOLAIS.

Eh bien, le soir?

FONTBOURGADE.

Le soir... j'ai assisté... (A part.) A quoi diable aurais-je bien pu assister?... (Trouvant péniblement et avec des pauses.) à une scène poignante... La vie est ainsi faite... Je riais le matin de mon provincial... et, le soir... je pleurais, presque aux douleurs d'un malheureux aveugle qui venait d'avaler l'anche de sa clarinette et qui jetait des cris étranges... dus au son de l'objet qui s'était arrêté au passage... Vous comprenez... plus il criait... plus les ut dièses de poitrine se multipliaient.

MADAME BEAUJOLAIS.

Et ce malheureux aveugle... vous l'avez rencontré dans le Marais?...

FONTBOURGADE.

Dans le Marais... (A part.) Drôle de question!... (Haut.) Oui... par là...

MADAME BEAUJOLAIS.

Et après, que fîtes-vous?

FONTBOURGADE.

Après?... Dame!... de là, je pris la rue de la Paix...

MADAME BEAUJOLAIS.

Au Marais?

FONTBOURGADE, à part.

Que diable a-t-elle à me parler du Marais? (Haut.) J'ai pris... Attendez donc...

MADAME BEAUJOLAIS.

La rue de Vendôme?

FONTBOURGADE, stupéfait.

La rue de Vendôme!... (A part.) Se douterait-elle?...

MADAME BEAUJOLAIS.

Et vous êtes allé vous coucher?...

FONTBOURGADE, vivement.

Précisément!... Je me suis couché de bonne heure!... Voilà l'emploi de ma journée... Êtes-vous contente, jalouse?

(A part.) J'ai eu la venette! (Elle sonne.) Vous sonnez?... (Angélique paraît.)

MADAME BEAUJOLAIS.

Angélique... reconduisez monsieur!

FONTBOURGADE.

Pardon... je ne comprends pas bien!...

MADAME BEAUJOLAIS.

Vous entendez, Angélique... reconduisez monsieur Fontbourgade... et priez-le... de ne plus se présenter devant moi.

FONTBOURGADE.

Mais... madame...

MADAME BEAUJOLAIS, sans se retourner vers Fontbourgade et s'adressant à Angélique.

Dites-lui bien que toute insistance serait inutile!

ANGÉLIQUE, à Fontbourgade.

Allons, monsieur, arrivez, que je vous reconduise!...

ENSEMBLE.

FONTBOURGADE.

C'est bien clair, elle me congédie,
Le congé, je le comprends très-bien;
Mais ce que tout cela signifie,
Par exemple, je n'y comprends rien.

ANGÉLIQUE.

C'est fort clair, elle vous congédie;
Le congé, je le comprends très-bien;
Mais ce que tout cela signifie,
Par exemple, je n'y comprends rien.

MADAME BEAUJOLAIS.

D'ici, monsieur, je vous congédie;
Je vous chasse, comprenez-le bien!
Et, désormais, je vous signifie
Que, pour moi, vous ne serez plus rien.

(Fontbourgade et Angélique sortent par le fond.)

SCÈNE VI.

MADAME BEAUJOLAIS, puis ANGÉLIQUE.

MADAME BEAUJOLAIS.

Ah!... il est parti!... (Se promenant tout agitée.) J'espère qu'il comprendra! (Elle s'assied.)

ANGÉLIQUE, rentrant.

Il est reconduit... Mais il est bien intrigué!... Il m'a dit qu'il croyait que madame lui faisait un farce!

MADAME BEAUJOLAIS.

Ah!

ANGÉLIQUE.

Mais qu'a-t-il donc fait, ce pauvre M. Fontbourgade?

MADAME BEAUJOLAIS.

Ce qu'il m'a fait?... Lui, un monsieur qui passe ses soirées à courir après les femmes... dans les rues...

ANGÉLIQUE.

Ah! mon Dieu!... il a l'air si tranquille!... Mais, madame est-elle bien sûre?

MADAME BEAUJOLAIS.

Je n'en suis que trop sûre... car c'est à moi-même qu'il s'est adressé hier soir, sans me reconnaître, grâce à mon voile... Il a voulu me prendre le bras de force!...

ANGÉLIQUE.

Ah!...

MADAME BEAUJOLAIS.

Et, sans un brave jeune homme qui passait par hasard près de nous, et qui s'est constitué mon chevalier... après l'avoir traité comme il le méritait... je ne sais vraiment jusqu'où il aurait poussé ses outrages...

ANGÉLIQUE, à part.

Décidément, je ne sors plus le soir. Moi qui ne suis qu'une simple femme de chambre, si on prend le bras à madame, qu'est-ce qui...

MADAME BEAUJOLAIS.

Ah! ma chère Angélique, j'ai eu bien tort, il y un an, de quitter ma province et de venir à Paris... Mes parents voulaient me marier... M. Misauvert, un vieil ami de ma famille, se trouvait là... je consentis à tout... Pourquoi s'en est-il allé?... Pourquoi ce M. Fontbourgade est-il venu ensuite?... Pourquoi cette funeste aventure d'hier est-elle arrivée?... Décidément, je vais retourner au fond de ma province...

ANGÉLIQUE.

Sans vous remarier?... Oh! madame!... (On sonne. — Elle sort.)

SCÈNE VII.

MADAME BEAUJOLAIS, puis ANGÉLIQUE.

MADAME BEAUJOLAIS, seule, s'asseyant.

C'est singulier!... malgré moi, je pense toujours à ce jeune homme qui m'a reconduite si poliment... Il est impossible de montrer plus de dévouement, plus de respect... Mais, j'y songe... pourvu que cette affaire n'ait pas de suite! M. Fontbourgade a reçu... un soufflet... je crois... Ah! ce n'est pas que je craigne pour ce dernier... Serait-ce pour l'autre que je craindrais? Ah! quelle folie! Chassons toutes ces idées!... (A Angélique qui entre.) Eh bien?

ANGÉLIQUE.

Madame, c'est un étranger qui me charge de vous remettre sa carte, et qui veut absolument vous parler...

MADAME BEAUJOLAIS.

Donnez!... (Elle lit.) « Achille Caramel. » Je ne sais quel il est... Dites-lui... (La retenant.) Attendez!... Quelques mots au crayon... (Lisant à demi-voix.) « Le monsieur de la rue de Vendôme. » Lui!... Comment se fait-il?... Ah! c'est juste! il m'a reconduite jusqu'ici, et...

ANGÉLIQUE.

Que faut-il dire?

MADAME BEAUJOLAIS.

Faites-le entrer!... Je reviens! (Elle sort.)

SCÈNE VIII.

ANGÉLIQUE, CARAMEL.

ANGÉLIQUE, allant à la porte du fond.

Donnez-vous la peine d'entrer!...

CARAMEL, entrant, le bras en écharpe.

Tiens! personne!...

ANGÉLIQUE.

Si monsieur veut avoir la bonté d'attendre!... Madame Beaujolais ne tardera pas à venir. (A part.) Il a le bras en écharpe!

CARAMEL.

Très-bien!... Ah! dis-moi, soubrette...

ANGÉLIQUE, l'interrompant.

Monsieur... me tutoie!...

CARAMEL.

C'est juste, je t'ai manqué de respect... Voilà vingt francs!

ANGÉLIQUE, les prenant.

Monsieur peut continuer!

CARAMEL.

A te manquer de respect? Bien!... Dis-moi donc, comment me trouves-tu?...

ANGÉLIQUE.

Dame! à première vue... on ne peut pas...

CARAMEL.

L'enthousiasme se manifeste à première vue..... Tiens! prends encore ceci! (Il fouille à sa poche.)

ANGÉLIQUE.

Toujours vingt francs!... Êtes-vous drôle!...

CARAMEL.

Je suis drôle?... Très-bien! L'enthousiasme demandé! Continue ce lyrisme auprès de ta maîtresse... Vingt francs chaque jour pour entretenir le prestige dont toi-même ne peux te défendre!...

ANGÉLIQUE.

Mais, monsieur...

CARAMEL.

Très-bien!... Assez!... va-t'en!...

ANGÉLIQUE.

Ah! vous me faites rire!... (Elle sort en riant.)

SCÈNE IX.

CARAMEL, seul.

Je suis seul? (Regardant.) Oui, bon!... (Il retire son bras de l'écharpe et fait le moulinet.) J'ai des fourmis! Rien n'est gênant comme une blessure... qu'on n'a pas!... C'est la suite de mon moyen d'hier soir!... Je défends une dame contre un vil oppresseur... que j'injurie... que je frappe même! Qu'arrive-t-il? — Un duel!... Qui est blessé?—Le chevalier français! — J'arrive donc, le bras en écharpe!... « Ciel! dit la dame, vous êtes blessé! et c'est pour moi? » Ça ne manque jamais son effet... Je provoque de cette façon la reconnaissance de la dame... (Cherchant à boutonner son gant droit.) Impossible de boutonner avec la main gauche... Ah! tiens... je vais retirer ce gant-là. (Il retire son gant gauche.) J'ai comme ça un tas de petits moyens... pour m'introduire chez les femmes... Les logements à louer, par exemple! « Qu'y a-t-il à louer? dis-je un jour à un concierge... — Monsieur, c'est un petit appartement occupé par une jeune dame qui... — Elle est jeune? Voyons cela! » (Boutonnant son gant.) Ah! voilà! ça y est!... (Remettant l'autre gant.) Nous montons au cinquième, chez une adorable petite veuve... inconsolable... de rester veuve... Je me suis aperçu de cela tout de suite... en lui offrant des billets de spectacle qu'elle accepta... Ah! bien! voilà que je ne peux plus boutonner celui-là... Ah! (Il retire son gant droit.) C'est bien!... j'examine tout: la hauteur des plafonds, la tournure de la jolie locataire, la grandeur des placards... et les yeux de la veuve... Ah! le voilà boutonné! (Il remet l'autre gant.) La connaissance avec la dame était faite, il fallait se retirer en donnant une bonne raison au portier. Je lui ai dit qu'étant sportmann, je ne pourrais que difficilement loger mes chevaux... au cinquième étage... Il a compris... (Ne pouvant boutonner son gant.) Sapristi! est-ce que ce travail d'écureuil va durer longtemps?... Tenez, voilà quelque chose de commode... je vous recommande ça!... Oh! j'entends le froufrou d'une robe... vite replaçons mon bras!... (Il remet son bras en écharpe.)

SCÈNE X.

MADAME BEAUJOLAIS, CARAMEL.

CARAMEL, saluant.

Madame!...

MADAME BEAUJOLAIS.

Pardonnez-moi, si je vous ai fait attendre.

CARAMEL.

Quand on vous attend, madame, que l'attente est cruelle!... *Joconde,* acte II, scène IX... paroles d'Etienne, musique de Nicolo...

MADAME BEAUJOLAIS, souriant.

Oh! tant d'érudition est inutile!... (Elle s'assied.)

CARAMEL, prenant une chaise.

Je vais vous dire, madame, j'ai un tic!... je collectionne des pièces de théâtre... Mais, revenons... (Avec gravité.) Puis-je vous demander, madame, si vous êtes entièrement remise du trouble qu'a dû vous causer l'équipée de ce monsieur?... (A part.) En avant l'écharpe!... (Il met son bras en evidence.)

MADAME BEAUJOLAIS.

J'avoue que j'ai été un peu émue... mais... cette émotion est calmée, et je vous remercie mille fois de l'intérêt que vous me portez!...

CARAMEL.

De l'intérêt! de l'intérêt! Mais dites plutôt, madame... de... Enfin, sachez que j'aurai toujours

Un bras pour vous défendre,
Un cœur pour vous...

MADAME BEAUJOLAIS.

Monsieur!...

CARAMEL.

Reine de Chypre! Acte IV, scène IV, musique de Saint-Georges, paroles d'Halévy... Non : paroles d'Halévy, musique de Saint-Georges... Non... (A part.) Elle n'a pas encore vu mon bras. (Il continue à mettre son bras en évidence.)

MADAME BEAUJOLAIS.

Serait-ce indiscret de vous demander à qui je dois une protection si généreuse ?

CARAMEL.

Achille Caramel, trente-deux ans, dix mille francs de rentes... J'ai une humeur agréable, — je suis facile à vivre, — je mange de tout, et, quant aux qualités du cœur... (Il fait un geste de douleur.) Ah !...

MADAME BEAUJOLAIS.

Qu'avez-vous?

CARAMEL.

Rien, madame !... (Il avance son bras.)

MADAME BEAUJOLAIS.

Ah !... vous êtes blessé ?...

CARAMEL, à part.

Allons donc !... la phrase obligée !... (Haut.) Oh ! une égratignure !

MADAME BEAUJOLAIS.

Et c'est pour moi ?

CARAMEL, à part.

Rien n'y manque ! (Haut.) Eh ! madame, qu'est-ce que cette blessure en comparaison de celle que vos yeux ont faite ?

MADAME BEAUJOLAIS.

Vous vous êtes donc battu avec cet homme qui, hier au soir ?...

CARAMEL.

Il m'a envoyé ses témoins ce matin, et nous sommes allés sur le pré...

MADAME BEAUJOLAIS.

Oh ! monsieur ! tant de dévouement ! sans me connaître !... Vraiment... je suis confuse !... Mais on pouvait vous tuer !...

CARAMEL.

Je comptais là-dessus... et mes restes inanimés vous auraient chanté...

Expirer pour sa belle,
Est encor du bonheur !

Le Chalet, scène XIII, musique...

MADAME BEAUJOLAIS.

D'Adam... (Souriant.) On n'est pas plus chevaleresque !...

CARAMEL.

Tudieu ! madame, j'ai de qui tenir ! — Je descends de Lancelot, le valet de trèfle ; mistigris, à la mouche ; galuchet, au lansquenet... Oui, madame, Lancelot est mon ancêtre... et, à l'instar de cet ancien preux, je veux porter vos couleurs !...

MADAME BEAUJOLAIS.

Mon Dieu! comme vous prenez feu!...

CARAMEL.

C'est mon devoir!... (A part.) Elle est tout simplement charmante, cette femme!

MADAME BEAUJOLAIS.

Mais, pardon, monsieur...

CARAMEL.

Je ne veux par abuser de vos instants... je me retire... J'espère que vous m'autoriserez à vous faire quelques visites respectueuses... de temps à autre?

MADAME BEAUJOLAIS.

Je serai toujours charmée de vous recevoir...

CARAMEL, qui a pris son chapeau.

Il est midi!... A une heure et un quart, je serai ici. (Ils se saluent. — Madame Beaujolais entre à droite. — Fausse sortie de Caramel, par le fond.)

SCÈNE XI.

CARAMEL, puis ANGÉLIQUE.

CARAMEL, revenant.

D'honneur! elle est ravissante... Un ton, des manières... J'en suis sérieusement épris!... Diable de bras... ça me picote comme si j'avais des fourmis... (Il retire son bras de l'écharpe et fait le moulinet.) Ah! ça me soulage...

ANGÉLIQUE sort de chez madame Beaujolais, se dirige vers la porte du fond, et, apercevant Caramel, elle pousse une exclamation.

Ah! (Elle sort.)

CARAMEL.

Ah! sapristi! que va-t-elle penser de mon moulinet... Ces gueuses de fourmis! Pourvu qu'elles ne prètent pas aux soupçons... Je sais bien que les fourmis ne sont pas prêteuses... Bah! j'arrangerai cela. (Il se dirige vers le fond et aperçoit Fontbourgade, qui entre.)

SCÈNE XII.

FONTBOURGADE, CARAMEL.

CARAMEL, étonné.

Qu'est-ce que c'est que ça?

FONTBOURGADE.

Caramel!

CARAMEL.

Fontbourgade!

FONTBOURGADE.

Toi ici!

CARAMEL.

Oui, mais toi-même... dis-moi...

FONTBOURGADE.

Non... parle le premier.

CARAMEL.

Non... toi!

FONTBOURGADE.

Je n'en ferai rien. Tu as la parole.

CARAMEL.

Eh bien, sache que je viens rendre visite à ma protégée de la rue de Vendôme.

FONTBOURGADE.

Quoi! c'est?

CARAMEL.

Oui.

FONTBOURGADE, jetant un cri.

Ah!

CARAMEL.

Qu'est-ce qui te prend?

FONTBOURGADE.

Elle est forte, celle-là!

CARAMEL.

Forte, qui? quoi?

FONTBOURGADE, criant de nouveau.

Ah!

CARAMEL.

Ah çà! qu'est-ce qu'il a donc à crier comme un paon?

FONTBOURGADE.

Je comprends maintenant la scène qu'elle m'a faite ce matin.

CARAMEL, criant.

Une scène où? une scène qui?

FONTBOURGADE.

Et pourquoi elle m'a fermé sa porte!

CARAMEL.

Quelle porte?

FONTBOURGADE.

Celle que j'aime.

CARAMEL.

Tu aimes une porte?

FONTBOURGARDE.

Mais non, madame Beaujolais... dont je t'ai parlé, que j'épouse dans quinze jours.

CARAMEL, criant.

Ah! j'y suis! Eh bien?

FONTBOURGADE.

Eh bien?

CARAMEL.

Eh bien?

FONTBOURGADE.

Tu vas être bien gentil pour ton petit Fontbourgade... Tu vas me céder la place et filer.

CARAMEL.

Oh! non... Hier, ce n'était qu'une fantaisie, un caprice... Aujourd'hui, c'est une passion... Et puis les choses sont trop avancées...

FONTBOURGADE.

Avancées?

CARAMEL.

Très-avancées!... Tu comprends... cette blessure que j'ai reçue ce matin pour elle... car j'y ai été de ma petite blessure, comme c'est notre habitude! Ça l'a prodigieusement émue!

FONTBOURGADE.

Ta ra ta ta! Tu vas renoncer à elle. Moi, je me charge de tout lui expliquer.

CARAMEL.

Du tout... J'ai mes entrées ici... on t'a retiré les tiennes... Ce que tu as de mieux à faire, c'est de t'en aller! Allons, viens!

FONTBOURGADE.

Ah! mais non!

CARAMEL.

Ah! mais si!

ENSEMBLE.

Air : *Orphée.*

CARAMEL.

Allons, preste!
Ne reste pas plus longtemps;
D'un pied leste,
File vite; moi, j'attends.
Je suis maître,
Maître de la place; ainsi,
Tâche d'être
Bientôt hors d'ici!

FONTBOURGADE.

Non, je reste,
Et je resterai longtemps;
D'un pied leste,
File si tu veux, j'attends.

Toi, le maître!
Pas encore, Dieu merci!
Tout doit être
Bientôt éclairci!

SCÈNE XIII.

Les Mêmes, MADAME BEAUJOLAIS.

MADAME BEAUJOLAIS.

Quel est ce bruit?

FONTBOURGADE ET CARAMEL.

Oh! (Caramel replace vivement son bras dans l'écharpe ; mais, dans son trouble, il y met le gauche au lieu du droit.)

CARAMEL.

Madame, je vais avoir l'honneur de vous tout expliquer... D'abord, (A Fontbourgade.) vous, monsieur, que faites-vous ici, ah ?

FONTBOURGADE.

Et vous, ah?

MADAME BEAUJOLAIS, à Fontbourgade.

Monsienr a raison... Que faites-vous ici?

FONTBOURGADE.

Je vais vous dire...

MADAME BEAUJOLAIS.

C'est inutile... je sais tout! Et vous auriez dû me comprendre ce matin... quand j'ai dit à ma femme de chambre de vous reconduire.

CARAMEL.

Certainement... Sortez, monsieur!

FONTBOURGADE.

Oh! tu ne me fais pas peur; et je vais te ruiner dans l'esprit de madame!

CARAMEL.

Vous?

MADAME BEAUJOLAIS, à part.

Que veut-il dire?

FONTBOURGADE.

Sachez, madame, que l'affaire d'hier au soir n'est qu'une comédie jouée par monsieur.

MADAME BEAUJOLAIS.

Une comédie!

CARAMEL.

Ne l'écoutez pas. (A part.) Si je pouvais le jeter par la fenêtre.

FONTBOURGADE.

Oui, madame. Dans le but de faire votre connaissance, il m'a prié de vous accoster afin de simuler la frime de vous défendre... et j'ai été assez faible pour lui rendre ce service.

MADAME BEAUJOLAIS.

Est-ce possible?

CARAMEL, à part.

Du toupet! (Haut.) Ah! ah! ah! c'est charmant! Ce roman est délicieux! C'est le roman d'un jeune homme pauvre... d'imagination, mon bon!

FONTBOURGADE.

Hein?

MADAME BEAUJOLAIS.

Comment?

CARAMEL.

Mais je ne connais pas cet intrigant, je l'ai vu hier pour la première fois.

FONTBOURGADE.

Il me renie, à présent!

CARAMEL.

Est-il assez enfoncé!

MADAME BEAUJOLAIS.

Eh bien, monsieur Fontbourgade, vous ne répondez pas?

FONTBOURGADE.

Dame! moi!... (Comme frappé d'une idée, criant.) Ah!

CARAMEL, à part.

Il va encore recommencer ses cris de paon!

FONTBOURGADE.

Nous allons rire! (A madame Beaujolais.) Monsieur affirme avoir reçu de moi un coup d'épée?

MADAME BEAUJOLAIS.

Sans doute. N'est-ce pas, monsieur? (Embarras de Caramel.)

FONTBOURGADE.

Il y a été, comme il dit, de sa petite blessure. Dites-lui, madame, de vous la montrer.

CARAMEL, à part.

Bigre!

FONTBOURGADE, à Caramel.

Montre ta blessure à madame.

CARAMEL, embarrassé.

Mon Dieu! oui... si on l'exige...

MADAME BEAUJOLAIS, le regardant et éclatant de rire tout à coup.

Ah! mon Dieu, je ne me trompe pas... elle a changé de bras... votre blessure...

CARAMEL, à part.

Oh! j'ai remis le gauche, au lieu du droit!

MADAME BEAUJOLAIS.

C'est le droit, que vous aviez en écharpe, ce matin?

CARAMEL.

Vous croyez? Non... je vais vous dire... c'est que j'étais tourné comme ça, et vous avez cru...

FONTBOURGADE, à part.

Est-il assez enfoncé?

CARAMEL.

Eh bien, oui, là... j'avoue tout... la comédie d'hier... le coup d'épée... apocryphe!

FONTBOURGADE, ravi.

Ah!

MADAME BEAUJOLAIS.

Avouez-vous aussi avoir invité monsieur... à m'aborder hier au soir?

CARAMEL.

Oui, madame, j'avoue encore cela!

FONTBOURGADE, ravi.

Ah!

MADAME BEAUJOLAIS.

Ainsi donc, vous me forciez à sacrifier... monsieur Fontbourgade, que vous aviez fait l'instrument aveugle et innocent... de votre odieux complot?

FONTBOURGADE.

C'est vrai!... qu'il m'a fait son instrument! (A part.) Je remonte! je remonte!

MADAME BEAUJOLAIS.

C'est mal!... car monsieur Fontbourgade est votre ami... il est le mien... Je le sais dévoué... lui... car il m'a protégée, lui, sérieusement... il y a six mois...

FONTBOURGADE, faisant de la modestie.

Oh! oh!

CARAMEL, criant, frappé d'un souvenir.

Ah!

MADAME BEAUJOLAIS.

Quoi donc?

CARAMEL.

Continuez, madame... Il y a six mois...

MADAME BEAUJOLAIS.

Je vous l'ai dit.

FONTBOURGADE, comprenant vivement.

Brisons cet entretien!

CARAMEL.

Ne brisons rien... (A madame Beaujolais.) Rue du Helder?

MADAME BEAUJOLAIS.

Précisément!

CARAMEL.

Le soir, de neuf heures à neuf et un quart... les boutiques étaient fermées?

MADAME BEAUJOLAIS.

Comment savez-vous?

CARAMEL.

Un jeune homme assez entreprenant vous a parlé bas?

MADAME BEAUJOLAIS.

Achevez!

CARAMEL.

Il vous a proposé de vous reconduire.

MADAME BEAUJOLAIS.

Oui.

CARAMEL.

Eh bien, ce jeune homme assez entreprenant, c'était moi...

MADAME BEAUJOLAIS.

Ah! (Elle regarde Fontbourgade.)

FONTBOURGADE, à part.

Bigre! je rebaisse!

CARAMEL, allant à Fontbourgade.

Et mon ami que voilà, vous a protégée... il a reçu aussi sa petite blessure!

MADAME BEAUJOLAIS.

En effet!

CARAMEL, raillant.

Montre donc un peu ta blessure à madame.

FONTBOURGADE, avec aplomb.

Elle est cicatrisée!... Mais permettez-moi, madame...

MADAME BEAUJOLAIS, sévèrement.

Assez, messieurs... je ne vous retiens plus!

CARAMEL, ému.

Vous nous chassez? Soit... mais avant de partir... vous saurez, madame, que c'est un amour profond, sincère qui m'a suggéré l'acte dont je subis en ce moment la peine... J'ai commis une faute, moins qu'une faute, une peccadille... Mais voyons, madame, réfléchissons, qu'est-ce que l'amour? comment nous le représente-t-on? En gamin... L'amour est-il sérieusement vêtu?... Non... A-t-il des lunettes, une cravate blanche et un habit noir en queue de morue?... Non... Il a des flèches... pour nous indiquer qu'il n'aspire qu'à un but... Eh bien, mon but, à moi, madame, qui vous avais aperçue une fois, c'était de vous voir, de vous revoir encore, de vous revoir toujours... L'amour m'avait mordu là... (Il met la main sur son cœur.) Il m'a inspiré une malice... elle n'a pas réussi, c'est vrai... mais je ne suis pas un malhonnête homme... Et... mais... tenez, je ne sais ce qui arrivera...

mais, croyez-le... je vous forcerai même un jour... à m'estimer.

MADAME BEAUJOLAIS, à part.

Cet accent vrai... cette émotion...

CARAMEL.

Vous verrez... vous verrez...

ENSEMBLE

Air du *Chemin de fer* (PARIZOT.)

MADAME BEAUJOLAIS.

Je ne vous retiens pas;
Adieu, l'on va vous reconduire:
D'avoir plus à vous dire,
Épargnez-moi tout l'embarras!
Retirez-vous en paix,
Messieurs, je suis votre servante,
Et j'espère être exempte
De vos visites, désormais.

FONTBOURGADE ET CARAMEL.

On ne nous retient pas,
Tous deux, on nous fait reconduire;
Et ne pouvoir rien dire,
Afin de sortir d'embarras!
Je me retire en paix,
Mais, bien à tort, elle se vante,
De l'espoir d'être exempte
De mes visites, désormais.

(Fontbourgade et Caramel sortent par le fond.)

SCÈNE XIV.

MADAME BEAUJOLAIS, seule.

Ah! je suis humiliée! Être dupe à ce point! mystifiée par ces deux hommes... et j'allais épouser l'un d'eux... non par amour, mais parce que six mois de soins assidus de sa part... m'avaient laissé voir en lui un honnête homme... capable de rendre une femme heureuse! Et puis j'avais besoin de sortir de cet état d'isolement dans lequel je vivais... Mais l'autre?... Ah! sa trahison m'est plus sensible... car je ne sais... mais cet air de franchise... et tout à l'heure encore, cette émotion... en me quittant... Allons, n'y pensons plus. (Elle se dirige à gauche.)

SCÈNE XV.

MISAUVERT, MADAME BEAUJOLAIS, puis CARAMEL.

MISAUVERT, entrant.

Ah! enfin, je vous trouve!

MADAME BEAUJOLAIS.

Le capitaine! Ah! mon ami!

MISAUVERT.

Votre ami!... Minute, madame, je vous prie...

MADAME BEAUJOLAIS.

Quoi donc?

MISAUVERT.

Je suis venu ce matin.

MADAME BEAUJOLAIS.

Je le sais... Angélique m'a appris...

MISAUVERT.

Vous le saviez?... Mais moi... j'ai su autre chose... les voisins et les portiers... m'en ont appris de belles.

MADAME BEAUJOLAIS, à part.

Hein? Lui aurait-on dit... mes projets de mariage avec M. Fontbourgade?

MISAUVERT, à part, en l'examinant.

Elle paraît embarrassée; on m'avait dit vrai!

CARAMEL, entrant sans bruit par le fond.

J'ai lâché Fontbourgade et... Oh! elle n'est pas seule! (Il se cache derrière la draperie de la fenêtre.)

MISAUVERT.

On m'a dit... mais, avant, reprenons. Il y a huit mois... vous étiez veuve... vous arriviez de Dijon... Moi, vieux garçon, un loup de mer, comme disent les bourgeois, je me suis dit : « Cette petite veuve-là s'ennuie... il faut la distraire... épousons-la! »

MADAME BEAUJOLAIS.

Monsieur!...

MISAUVERT.

Pas fini! Alors, je suis venu à vous... je vous ai avoué mes cinquante ans, offert mon nom, mes trois cent mille francs de fortune... Je vous ai dit : « Tout cela est à vous... Ça vous va-t-il? »

CARAMEL, à part.

Tiens! tiens!

MISAUVERT.

Vous m'avez répondu : « Oui! »

MADAME BEAUJOLAIS.

Mais, cependant...

MISAUVERT.

Pas fini! Notez bien que vous pouviez refuser mes offres... Je ne vous en aurais pas voulu pour ça... Mais pas du tout... ces offres, vous les avez acceptées franchement... en apparence, du moins...

MADAME BAUJOLAIS.

J'étais sincère!

MISAUVERT.

Merci!... drôle de sincérité... Nous devions nous marier aussitôt... après mon retour des Antilles... Un dernier voyage pour liquider mes affaires... et voilà qu'à mon débotté, ce matin... j'apprends qu'un autre m'a supplanté.

MADAME BEAUJOLAIS.

Capitaine... quand vous saurez...

MISAUVERT.

Rien, madame, ne justifie un manque de parole, et j'avais la vôtre.

MADAME BEAUJOLAIS.

Vous connaîtrez la vérité.

MISAUVERT.

La vérité!... la vérité! est que vous êtes une franche coquette!

MADAME BEAUJOLAIS.

Monsieur Misauvert!

CARAMEL, à part.

Oh!

MISAUVERT.

Je suis revenu exprès pour vous dire ça...

MADAME BEAUJOLAIS.

Vous auriez mieux fait de ne pas vous déranger et de m'éviter, chez moi, une pareille scène... (Elle rentre chez elle.)

MISAUVERT.

Je n'y moisirai pas longtemps chez vous. Je vous ai dit ce que j'avais sur le cœur, ça y est! Adieu!

SCÈNE XVI.

CARAMEL, MISAUVERT.

CARAMEL, sortant de sa cachette et allant à Misauvert.

Pardon, monsieur.

MISAUVERT, le toisant.

Qu'est-ce qu'il me veut, celui-là?

CARAMEL.

Vous venez de parler à une femme, tout à l'heure, monsieur...

MISAUVERT.

Eh bien?

CARAMEL.

Eh bien, la façon dont vous lui avez parlé n'est ni la quintessence de la chevalerie française... ni la fine fleur de la courtoisie...

MISAUVERT.

Qu'est-ce qu'il me chante?

CARAMEL.

Cette femme, que j'aime... que j'estime, vous l'avez insultée...

MISAUVERT.

Attendez donc! Vous l'aimez, et c'est vous!... Bien! bien! Et vous me cherchez querelle? Ah! par exemple!... voilà une chose qui m'arrange...

CARAMEL.

Tant mieux!

MISAUVERT.

Et je dirai plus... vous m'allez, vous!...

CARAMEL.

J'en suis ravi!

MISAUVERT.

Vous m'avez l'air d'un gaillard qui ne boude jamais.

CARAMEL.

Je l'espère!

MISAUVERT.

Parbleu! j'avais besoin de me refaire la main... J'aurais pu tomber sur un pied plat... au lieu de cela, je trouve un monsieur qui ne boude pas! Ça me botte... Nous allons trinquer de l'épée!

CARAMEL.

A vos ordres!

MISAUVERT.

Où allons-nous?

CARAMEL.

Nous sommes à Saint-Mandé!... Le bois de Vincennes est tout près... Les deux premiers soldats nous serviront de témoins.

MISAUVERT.

Bravo! vous êtes expéditif! C'est étonnant comme vous m'allez! Moi, de mon côté, je ne vous ferai pas languir.

CARAMEL.

Marchons!

MILAUVERT.

Marchons!

ENSEMBLE.

Air : *Vive la mitraille* (HAYDÉE).

MISAUVERT ET CARAMEL.

C'est ainsi que j'aime
Qu'on vide, en deux temps,
Et dans l'instant même,
De tels différends;
Et, pour ainsi faire,
Terminons soudain
Toute cette affaire
L'épée à la main.

(Angélique est entrée depuis quelques instants, et regarde sortir Caramel et Misauvert par le fond.)

SCÈNE XVII.

ANGÉLIQUE, MADAME BEAUJOLAIS.

MADAME BEAUJOLAIS, entrant.

Angélique... vous allez vous informer des heures de départ du chemin de fer!... Je retourne à Dijon... je quitte Paris pour toujours...

ANGÉLIQUE.

Oh! madame... quitter Paris, sans dire adieu...

MADAME BEAUJOLAIS.

A qui donc?

ANGÉLIQUE.

Sans qu'un mot d'espoir?...

MADAME BEAUJOLAIS.

Mais parlez, parlez donc; que voulez-vous dire?

ANGÉLIQUE.

Eh bien... madame... je n'ai pas pu y résister... c'est plus fort que moi... il était si chagrin!...

MADAME BEAUJOLAIS.

Mais qui?

ANGÉLIQUE.

D'abord, moi, je ne peux pas voir un homme pleurer, c'est plus fort que moi. — Un homme ferait tout ce qu'il voudrait de moi avec des larmes!...

MADAME BEAUJOLAIS.

Quand vous aurez fini!

ANGÉLIQUE.

Bref, madame, il y a que M. Fontbourgade est venu ici malgré moi... qu'il est entré... malgré moi... qu'il a pleuré, avec moi... et qu'il attend dans votre petit boudoir!

MADAME BEAUJOLAIS.

Je ne veux pas le voir!

FONTBOURGADE, paraissant à gauche et d'un air suppliant.

Ah! Oh!...

MADAME BEAUJOLAIS, le voyant.

Ah!... c'est une persécution!...

ANGÉLIQUE.

Ma foi! qu'ils s'arrangent! (Elle se sauve.)

SCÈNE XVIII.

FONTBOURGADE, MADAME BEAUJOLAIS.

MADAME BEAUJOLAIS.

Voyons, monsieur, dépêchez-vous. — Qu'avez-vous à me dire?

FONTBOURGADE.

Voilà... voici... — Il y a que... Tenez, madame, j'ai peur... peur pour vous!

MADAME BEAUJOLAIS.

Peur pour moi?

FONTBOURGADE.

Oui, madame!... Tout à l'heure, le nommé Caramel vous a fait une tirade qui vous a émue...

MADAME BEAUJOLAIS.

Moi ?

FONTBOURGADE.

Oh! j'ai bien vu que vous aviez votre petite émotion.

MADAME BEAUJOLAIS.

Eh! que vous importe?

FONTBOURGADE.

Ce qu'il m'importe? C'est que vous ne soyez pas sa dupe. — Il disait vous aimer : mensonge! Il aurait voulu vivre à vos pieds: ah! triste! triste! Tenez, madame, lisez-moi cela. (Il lui remet des lettres.)

MADAME BEAUJOLAIS.

Mais...

FONTBOURGADE.

Lisez! lisez!

MADAME BEAUJOLAIS.

Voyons. (Elle lit.)

FONTBOURGADE, à part.

Je flanque les lettres de mon Amélie sur le dos de Caramel!

MADAME BEAUJOLAIS.

Une intrigue avec une couturière! une promesse de mariage!

FONTBOURGADE.

Et l'adresse! lisez le nom et l'adresse!

MADAME BEAUJOLAIS, lisant.

« A monsieur Achille Caramel! » Oh! (Elle reste pensive.)

FONTBOURGADE.

Tandis que moi... je suis pur... innocent comme l'oiseau qui sort du sein de sa mère... Je n'aime que vous au monde, ô Aglaé! (Il tombe à ses genoux.)

SCÈNE XIX.

LES MÊMES, CARAMEL, le bras en écharpe.

CARAMEL.

Pardonnez-moi, madame, je croyais vous trouver seule.

FONTBOURGADE.

Non, monsieur, non, nous ne sommes pas seuls, nous sommes deux! Réconciliation complète. (Il baise la main de madame Beaujolais et se relève. — Bas à Caramel.) Tu peux filer.

CARAMEL.

Mais...

MADAME BEAUJOLAIS, regardant le bras de Caramel.

Mon Dieu! que veut dire ceci? Encore cette même plaisanterie? (Elle désigne le bras de Caramel.)

CARAMEL.

Oh! cette fois, c'est pour tout de bon, madame! Une petite altercation entre M. Misauvert et moi.

MADAME BEAUJOLAIS.

Comment?

CARAMEL.

Oui, madame... Excusez cette indiscrétion; mais, tout à l'heure... j'étais là... derrière ce rideau... quand M. Misauvert s'est permis...

MADAME BEAUJOLAIS.

Vous nous écoutiez?

CARAMEL, avec indignation.

Oh! madame! (Avec sang-froid.) Parfaitement, oui, j'écoutais! et dès que je me suis trouvé seul avec lui... je lui ai demandé réparation, pour l'injure qu'il vous avait faite... de là cette égratignure... fort légère!

MADAME BEAUJOLAIS.

Quoi! (Riant.) Ah! ah!

FONTBOURGADE, riant.

Ah! elle est bonne! j'en ris très-fort!

MADAME BEAUJOLAIS, gaiement.

Oh! non! Une fois, passe; mais deux fois... (Riant.) Ah! ah!

CARAMEL, à part.

On se moque de moi? C'est bien fait, on a raison! J'ai fait le faux chevalier français... et quand, aujourd'hui, je joue ce rôle-là sérieusement, on me bafoue! (Haut.) Allez, madame... doutez de moi, doutez de mon dévouement... doutez de ma blessure.

SCÈNE XX.

LES MÊMES MISAUVERT.

MISAUVERT, entrant.

Qu'est-ce que c'est?... On doute de votre coup d'épée?

MADAME BEAUJOLAIS.

M. Misauvert!

FONTBOURGADE, à part.

D'où sort-il celui-là?

MISAUVERT.

Je voudrais bien savoir si c'est monsieur. (A Fontbourgade.) Est-ce vous?

FONTBOURGADE, reculant effrayé.

Moi?

MADAME BEAUJOLAIS.

Et si c'était moi, monsieur?

MISAUVERT.

Vous auriez tort, madame... Ce coup d'épée est réel; c'est moi qui l'ai donné... et j'en suis bien fâché; car c'est moi qui devais le recevoir.

CARAMEL.

Oh! capitaine!

MISAUVERT.

N'y a pas, n'y a pas! Je me suis conduit avec madame comme un butor... Vous m'avez rappelé à l'ordre, vous étiez dans votre droit.

MADAME BEAUJOLAIS, à part.

Il disait vrai!

FONTBOURGADE, à part.

Je rebaisse! (Bas à madame Beaujolais.) S'ils s'entendaient!

MISAUVERT.

Qu'est-ce que vous marmottez là, vous?

FONTBOURGADE.

Moi? Rien.

MISAUVERT.

A la bonne heure! Maintenant, madame, avant de partir, recevez mes sincères excuses, je vous en prie. D'ailleurs, j'ai réfléchi... Moi, votre mari?... Allons donc! La belle avance pour vous! Les jeunes avec les vieux, mauvaise affaire!

MADAME BEAUJOLAIS.

Monsieur Misauvert!

MISAUVERT.

Je sais ce que je dis... Tandis qu'entre jeunes gens...Tenez, voyez-moi celui-là.

CARAMEL, modestement.

Oh! capitaine!

MISAUVERT.

Laissez donc, je m'y connais... il est brave... Il m'a tout conté... il vous aime! Prenez-le et vous me remercierez.

FONTBOURGADE.

Permettez... madame a des obligations antérieures.

MISAUVERT.

Ah çà! mais qu'est-ce que c'est que cet oiseau-là?

MADAME BEAUJOLAIS, à Caramel.

Que diriez-vous, monsieur, si je prenais le capitaine au mot?

CARAMEL.

Oh! madame, je serais l'homme du monde le plus...

MADAME BEAUJOLAIS, l'interrompant.

Je n'ai pas fini! Que dirait à son tour mademoiselle, mademoiselle Amélie Didier?

MISAUVERT.

Hein?

CARAMEL.

Amélie Didier?

MADAME BEAUJOLAIS.

Que vous deviez, que vous devez épouser?

CARAMEL.

Moi? Connais pas.

FONTBOURGADE, à part.

Ça se complique.

MISAUVERT, à Caramel.

Quoi! c'est vous... (Il le prend au collet.) le séducteur de ma nièce?

CARAMEL.

Mais, monsieur, permettez! il y a erreur!

FONTBOURGADE, à part.

C'est l'oncle! Bigre! (Il cherche à gagner la porte du fond.)

MISAUVERT.

Ah! c'est toi Fontbourgade!

CARAMEL.

Mais non!

MADAME BEAUJOLAIS.

M. Fontbourgade... le voici!

MISAUVERT, lâchant Caramel et saisissant Fontbourgade.

Ah! c'est toi Fontbourgade? (L'amenant en scène.) J'aime mieux cela.

CARAMEL.

Et moi aussi...

FONTBOURGADE, criant.

Pas si fort!

MADAME BEAUJOLAIS.

Mais ces lettres, que monsieur (Elle montre Fontbourgade.) m'a remises... je n'y comprends plus rien!

CARAMEL.

J'y suis... Il m'a mis ses fredaines sur le dos... Je recevais ses lettres... pour lui, à mon adresse.

MISAUVERT, tenant toujours Fontbourgade au collet.

Est-ce bien convenu, bien entendu? Je tiens bien là le Fontbourgade?...

FONTBOURGADE.

Oui, oui... mais ne m'étranglez pas!

MISAUVRET, le tenant toujours.

Je ferai ce que je voudrai, je n'ai pas d'ordre à recevoir de toi!

CARAMEL.

Vous le voyez, madame, je n'ai plus qu'un tort à vos yeux, c'est ma conduite d'hier au soir rue de Vendôme.

MADAME BEAUJOLAIS, lui tendant la main.

Je ferai en sorte de l'oublier!

MISAUVERT.

Elle l'oubliera, elle doit l'oublier. (A Fontbourgade.) Quant à toi, choisis, un coup d'épée dans le thorax... ou ton mariage avec ma nièce?

FONTBOURGADE.

Donnez-vous une dot?

MISAUVERT.

Non!

FONTBOURGADE.

Mon choix n'est pas douteux! (Geste de Misauvert.) J'épouse, mais lâchez moi.

MISAUVERT.

Jamais! Je ne te lâcherai que le jour où tu diras *oui* à la mairie. (Il le tient fortement au collet.)

CHOEUR.

Voilà ce qu'on n'eût pu prédire...
Deux soufflets feront quatre époux;
C'est bien, vraiment, le cas de dire :
Amour, ce sont là de tes coups.

CARAMEL, au public.

Air de *Préville et Taconnet.*

Suivez toujours l'élan de votre cœur,
Suivez l'ami tombé dans la disgrâce ;
Et, si le ciel vous a créé flâneur,
Suivez du régiment la musique qui passe ;
Suivez le monde, au théâtre, partout...
Suivre toujours, voilà notre programme.

MADAME BEAUJOLAIS, à Caramel.

Mais suivez bien ce conseil-là, surtout :
Ne suivez jamais d'autre femme.

REPRISE EN CHOEUR.

FIN.

LAGNY. — Typographie de A. VARIGAULT.